CHAMBRE DES PAIRS

ÉLOGE

DE M. LE COMTE MORAND

LIEUTENANT-GÉNÉRAL, PAIR DE FRANCE

PRONONCÉ

PAR M. DE CUBIÈRES

LE 18 FÉVRIER 1846

PARIS

DE L'IMPRIMERIE DE CRAPELET

RUE DE VAUGIRARD, 9

1846

ÉLOGE

DE M. LE COMTE MORAND,

LIEUTENANT-GÉNÉRAL, PAIR DE FRANCE,

PRONONCÉ

PAR M. DE CUBIÈRES

LE 18 FÉVRIER 1846

Il est utile de parler des morts, alors qu'ils laissent après eux des exemples à suivre, des enseignements à méditer; aussi la Chambre des Pairs a-t-elle consacré une sage coutume en permettant qu'on l'entretienne des membres que le temps lui ravit, en permettant que l'on mette sous ses yeux l'abrégé de leur vie publique, et sans qu'il soit imposé de délai ni de prescription à l'exercice de cette faculté, profitable toujours et à tous.

Plus de dix années se sont écoulées depuis que la mort, toujours trop prompte à frapper les hommes utiles au pays, a rendu vide sur ces bancs la place qu'occupa si peu de jours un homme de bien, un patriote de 1789, soldat intrépide, habile général, placé par ses longs travaux, par sa valeur, par l'estime publique, au premier rang de tous ces guerriers d'élite qu'enfantèrent les victoires de la Révolution française, et que les prodiges de l'Empire devaient bientôt décimer.

Il y a près de onze ans que l'un des plus vaillants compagnons d'armes de Napoléon, l'ami, le meilleur ami du sage et illustre Desaix, le lieutenant-général comte Morand, manque à l'armée, à la Chambre des Pairs, à la France, et jusqu'ici aucune voix ne s'était fait entendre dans cette enceinte en témoignage des regrets unanimes et sincères que sa perte a fait naître parmi ses contemporains, qui, tous, furent ses admirateurs, parmi vous ses collègues, qui, presque tous aussi, avez pu apprécier ses talents et ses vertus.

Depuis le 2 septembre 1835 le général Morand n'est plus, et les annales de la Pairie n'ont encore mentionné que la date de son décès; comme si l'excessive modestie dont s'enveloppa pendant sa vie cet homme supérieur, servant encore, après sa mort, de voile à l'éclat de ses mérites, avait pris soin d'écarter l'éloge de son tombeau.

Je m'approche aujourd'hui de cette tombe respectée, moi qui fus l'élève du général Morand, moi qu'il honora d'une constante affection, qu'il guida dès les premiers pas dans cette belle carrière des armes, et dont la vive reconnaissance peut à peine égaler la sollicitude toute paternelle qu'il témoignait à la jeunesse militaire. Le silence qui a trop duré autour d'un nom glorieux que l'histoire a déjà recueilli, je viens le rompre devant vous, après avoir longtemps attendu et souhaité qu'une voix plus habile que la mienne, plus digne de traiter un pareil sujet, vînt vous entretenir de l'un de nos meilleurs généraux. A défaut de l'orateur, c'est un soldat qui vous parlera du chef valeureux qu'il suivit dans plus de vingt combats. Heureux ce soldat, étranger à l'art de bien dire, s'il trouve dans ses souvenirs et dans son cœur ce qu'il eût vainement demandé à l'éloquence pour captiver quelques instants l'attention de cette illustre assemblée, et pour mieux répondre à l'honneur qu'elle lui fait de l'écouter !

Charles–Antoine–Louis–Alexis Morand, lieutenant-général, comte de l'Empire, Pair de France, commandant en chef de l'un des corps de la grande armée, aide de camp de l'Empereur Napoléon, colonel-général des chasseurs à pied de la garde impériale, grand-croix de la Légion-d'honneur, commandeur de la Couronne-de-Fer et de l'Ordre de Saint Henri de Saxe, vit le jour, le 4 juin 1771, près de Pontarlier, dans les âpres montagnes du Jura, où son père, ancien magistrat, se consacrant à ses nombreux enfants, les éleva au foyer de la famille, dans la pratique des vertus austères dont il leur donnait l'exemple. Cet homme recommandable possédait une vaste érudition qu'il sut transmettre à celui de ses enfants qui devait siéger parmi vous, à son fils aîné, doué d'un esprit supérieur, d'une ardente imagination, d'une rare aptitude aux études sérieuses, et en qui germèrent de bonne heure les principes irréprochables, les sentiments généreux, apanage constant de cette excellente famille Morand, dès longtemps l'honneur et l'exemple des montagnards francs-comtois.

A l'époque mémorable où les Français reven-
diquaient de toutes parts leurs droits de citoyens,
où le tiers état sortait enfin de sa trop longue tu-
telle, le jeune Morand fut désigné par son district
pour assister à la fédération ; plus tard, au moment
où la France répondait aux menaces de l'étranger
par un appel à tous ses défenseurs, Morand venait de s'arracher aux charmes qu'avaient pour lui
les études classiques ; il se livrait à celles du droit
avec une égale ardeur, et de brillants succès dont
Besançon fut le théâtre. Partisan sincère, comme
l'élite de la nation, partisan déclaré des principes
que l'Assemblée Constituante avait proclamés,
Morand comprenait quelles luttes la liberté aurait
à soutenir pour triompher de ses ennemis ; il se
voua dès lors au maintien de nos réformes politi-
ques, à la défense de nos frontières : au premier
cri d'alarme, il troqua sa robe d'avocat contre
une épée, et fut aussitôt élu, par ses compatriotes,
capitaine au 7ᵉ bataillon des volontaires du Doubs.
A quelques jours de là, le 5 septembre 1792, les
mêmes suffrages l'élevèrent au commandement du
bataillon. Heureuse inspiration, heureux pressen-
timent de ces soldats citoyens, dont le choix, at-
tiré par un nom respecté dans la province, par les
avantages physiques, par les qualités morales de
celui qui le portait, devait rencontrer, en se fixant
sur ce jeune homme, devait rencontrer en lui un
sage et un héros. Toutefois, celui qu'honoraient
tant de suffrages libres et spontanés se prit à dou-
ter de lui-même, et voulut résigner l'emploi supérieur qui venait de lui être confié. L'ambition

des cœurs élevés , c'est de mériter avant d'obtenir.
Heureusement pour l'armée que le général Piche-
gru , qui commandait alors à Besançon , ayant pé-
nétré le mérite véritable que cachait tant de modestie , sut user de son autorité pour contraindre
Morand à conserver son commandement. De pa-
reils actes d'abnégation, de telles preuves de désin-
téressement, n'étaient pas rares dans ces temps-là ;
depuis lors, l'habitude de tout solliciter est entrée
dans les mœurs ; aussi le mérite modeste et caché
se trouve-t-il moins exposé de nos jours à ce
qu'on lui fasse violence pour se produire. Néan-
moins, ce commandant improvisé ne tarda guère à
se trouver à la hauteur des importantes fonctions
de son grade, et la confiance des troupes et des
généraux justifia bientôt celle que ses concitoyens
avaient mise en lui.

Organisé à Blamon , exercé par son jeune chef,
employé aux armées du Nord et du Rhin , le 7ᵉ bataillon du Doubs , sous les yeux des généraux en
chef Biron , Custine et Beauharnais, se fit une réputation de vigueur et d'élan ; il prit une glorieuse
part au siége du Quesnoy, au blocus de Mau-
beuge , au combat de Watignies, à la prise de
Gravelines.

Le 8 septembre 1793 , le commandant Morand
contribua puissamment à la victoire d'Honds-
choote, en pénétrant audacieusement dans la ville,
son drapeau à la main , et en jetant le trouble et
le désordre au milieu des réserves ennemies. Il
combattit avec la même valeur le deuxième jour
complémentaire de l'an 2, à l'attaque de Sprimont,

où il fut blessé d'un coup de feu à la cuisse. Amalgamé, incorporé avec son bataillon dans la 88ᵉ demi-brigade de bataille, Morand fit les campagnes de l'an 3 et de l'an 4 aux armées du Rhin et de Sambre-et-Meuse, dans cette brillante division Bernadotte, dirigée plus tard sur l'armée d'Italie, et qui se fit constamment remarquer par la supériorité de sa tactique, la précision de ses manœuvres, l'aplomb de ses bataillons. Ces avantages précieux et peu communs alors parmi les troupes françaises, qui pour champs d'exercice n'avaient eu que des champs de bataille, étaient dus entièrement au général Bernadotte, ancien sous-officier des armées de Louis XVI, et qui, dans les fonctions d'adjudant au régiment de Royal-Marine, avait acquis une connaissance complète des détails du service et des manœuvres d'infanterie. Le commandant Morand sut mettre à profit un si bon guide et devint un des meilleurs manœuvriers de l'armée ; il était digne d'avoir pour maître et pour modèle cet intrépide Bernadotte, réservé aux plus hautes destinées, et qui, alors que sa main soutenait un des sceptres du Nord, se plaisait à rappeler lui-même qu'elle avait préludé au bâton de maréchal de France par la canne d'adjudant. A la prise de Creutznach, le 10 frimaire an 4, Morand ramena plusieurs fois les troupes au combat ; il finit par triompher de l'opiniâtre résistance des Autrichiens, en saisissant le drapeau de la 88ᵉ, et en se précipitant au milieu des rangs ennemis. Au mois de thermidor suivant, chargé de bloquer, avec son bataillon, le fort de Kœnigstein, Morand ne se fit aucun scrupule de transgresser les ordres qu'il avait reçus ; sans le concours des troupes du génie, presque sans artillerie, réduit aux seules ressources de son esprit inventif et aux inspirations de son audace, il réussit à s'emparer de la forteresse qu'il avait mission de bloquer, et fit prisonnière la garnison qu'il devait observer et contenir. Ce résultat aussi glorieux qu'imprévu, qui donnait la mesure de ce qu'on pouvait attendre de son intelligence et de sa résolution, lui valut les félicitations les plus flatteuses des généraux Jourdan et Marceau.

A quelques jours de là, au combat de Teining, il résista toute la journée, avec son bataillon, à des forces triples, auxquelles il fit éprouver des pertes considérables. A cette occasion il fut cité, dans le rapport du général Bernadotte, comme un officier de la plus haute espérance, et le grade d'adjudant-général lui fut offert ; il le refusa par attachement aux braves soldats de la 88e, ses compatriotes, qu'il avait si souvent conduits à la victoire, et dont il ne voulut point se séparer.

De nouveaux succès l'attendaient en Italie et à l'armée d'Orient, où désormais l'énergie de son courage, les élans de son âme, exaltée par l'amour de la gloire et de la patrie, devaient avoir pour appréciateur et pour guide le général Bonaparte lui-même.

Le 3 thermidor an 6, le brevet de chef de brigade de la 88e lui fut décerné par le général en chef lui-même, sur le champ de bataille des Pyramides, en récompense des talents et de l'héroïque valeur dont il avait donné, dans cette mémorable journée, de si éclatantes preuves. L'année suivante il ne se fit pas moins remarquer à la bataille de Sédiman, où la 88e mit le comble à sa gloire.

Le 16 germinal an 7 , il mit en fuite les Arabes d'Yambo, excités et conduits par un fanatique se disant l'ange exterminateur envoyé par Mahomet, et qui, se fiant sur leur grand nombre, avaient osé assaillir le village de Bardys; dès le lendemain, l'infatigable colonel se portait sur Djirjéh, où il battait les mameluks que soutenait un rassemblement considérable de Fellahs.

Après la levée du siége de Saint-Jean d'Acre, Mourad-Bey , rêvant l'expulsion immédiate des Français, s'était jeté dans la basse Égypte pour faciliter et pour protéger, au besoin, le débarquement de l'armée turque; le chef de brigade Morand, par d'habiles manœuvres, et après une série de glorieux combats, le contraignit à évacuer Siout, le poursuivit à outrance pendant soixante lieues vers la haute Égypte, sans jamais perdre sa trace un seul instant, même à travers le désert, où Mourad-Bey s'enfonça à plusieurs reprises ; il l'atteignit enfin le 25 thermidor an 7 , avant le jour, dans son camp de Samanhout, qui resta au pouvoir des Français , jonché de trois cents cadavres des plus braves mameluks; Mourad-Bey, surpris dans son sommeil, s'échappa à demi nu ; il s'enfuit désarmé sur un dromadaire, laissant aux mains de son heureux vainqueur ses tentes, ses chevaux, ses armes, trophée précieux dont Morand s'empressa de faire hommage au général Desaix.

Cet éclatant fait d'armes eut le plus grand retentissement en Orient et en Europe ; il détruisit le prestige qui entourait Mourad-Bey, cet opiniâtre ennemi de la domination française en Égypte, toujours insaisissable, et qui jusqu'alors, après chaque défaite, avait su se créer de nouvelles ressources et un plus grand ascendant sur l'esprit des populations.

La victoire de Samanhout jeta un nouveau lustre sur les armes françaises, en prouvant que nos soldats pouvaient égaler et même surpasser les Arabes dans la rapidité de leur marche, et que désormais le désert ne serait plus un asile pour les ennemis de la France.

A cette occasion, Desaix écrivit à son ami Morand une lettre dont j'aime à croire que la Chambre entendra avec intérêt une très-courte citation. Je lis les caractères tracés par la main même de Desaix sur ce papier noirci par le temps, qui est devenu l'un des titres de noblesse de la famille Morand, car il émane du guerrier illustre que les Orientaux surnommèrent le *Sultan juste.*

« Siout, le 5o thermidor an 7.

« L'annonce de vos exploits, mon cher Morand, a répandu la joie partout ; on en parle avec l'enthousiasme et l'intérêt qu'ils devaient inspirer à juste titre. Je suis jaloux.... mais c'est d'être le premier à vous en féliciter. »

Il ajoute en terminant :

« Oui, mon cher Morand, vous êtes admirable,

votre surprise est une des meilleures qui aient eu
lieu. Vous m'offrez les armes de Mourad, c'est le
cadeau le plus précieux qu'on puisse me faire quand
la fortune me refuse sa tête. J'accepte, mais à con-
dition de partager avec vous, afin de posséder tous
deux un souvenir de votre belle action. »

Ici, Messieurs, une pensée me frappe, et sans
doute elle s'est déjà présentée à l'esprit de ceux qui
m'écoutent. Le récit du glorieux passé dont je
viens de vous entretenir est aussi pour la France
l'histoire du présent. Les hauts faits de l'armée
d'Égypte se renouvellent de nos jours en Algérie,
où le courage de nos troupes, la valeur de nos
Princes brillent d'un éclat pareil à celui qui entourait les armées françaises de 1800. La prise de la
Smala n'a ren à envier à la victoire de Samanhout.
Heureuse la nation dont l'esprit militaire ne meurt
ni ne s'altère au sein d'une longue paix ! Honneur
au pays où l'énergie des citoyens n'a jamais fait
défaut aux occasions de combattre !

Nommé adjudant-général le 21 fructidor an 7,
Morand fut aussitôt investi par le général Kléber
du commandement de la province de Djirjéh, où
il fit aimer et respecter l'administration française,
où il sut maintenir l'ordre et la plus complète sé-
curité tout en exigeant le payement des impôts
affectés à la nourriture et à l'entretien de l'armée.
Le 18 fructidor an 7, il fut élevé au grade de général de brigade qu'il avait si souvent mérité. Cette
promotion, qui ne contenait que son nom, associé
à ceux de Donzelot et de Bertrand, noms également
chers à l'armée d'Égypte, fut la première que signa

le général Bonaparte, devenu Consul. Le général
Morand continua à rendre les plus grands services
à la colonie par son activité et surtout par l'ascendant qu'il savait exercer sur les Arabes. Toujours
confiant dans la fortune de la France, toujours inébranlable, dans les circonstances les plus critiques,
Morand ne cessa jamais d'être l'un des plus ardents
partisans de l'occupation et de la possession de
l'Égypte, qu'il regardait comme la plus impor-
tante conquête de la République et dont l'abandon
le combla d'affliction.

A son retour en France, il commanda le dépar-
tement du Morbihan, et reçut, en l'an 11, le commandement d'une brigade d'infanterie à l'armée
des côtes de l'Océan. Tacticien habile et depuis si
longtemps éprouvé par tant de combats, le général
Morand contribua, sous les ordres de l'illustre Maréchal Soult, aujourd'hui premier Ministre du Roi,
à former cette excellente infanterie du quatrième
corps d'armée. Il fut l'un des plus actifs instru-
ments de cette formidable armée du camp de Bou-
logne qui allait bientôt étonner et subjuguer l'Europe par son irrésistible valeur.

A Austerlitz, la brigade Morand faisait partie du
corps d'armée aux ordres du Maréchal Soult : elle
fut lancée au pas de course contre les Russes, au
moment où ils débouchaient de Sokolnitz. Le 10e
léger, électrisé par l'ardeur de son général, refoula
les masses ennemies et s'empara de la position ; il
se maintint sur le point décisif par le secours du
reste de la division Saint-Hilaire, que la blessure de
son chef fit passer tout entière sous les ordres du

général Morand, qui, bien que blessé lui-même, continua à prendre une large et brillante part au succès de cette admirable bataille d'Austerlitz, la mieux combinée des temps modernes ; aussi, dès le 24 décembre, en récompense des services éminents qu'il venait de rendre à l'armée et à Napoléon, Morand fut-il élevé au grade de général de division.

En 1806, le général Morand était à la tête de la 1re division du 3e corps d'armée, aux ordres du maréchal Davoust. Le 14 octobre, avant le jour, cette division entra dans le long défilé de Kossel, à la suite de celle dirigée par le général Gudin. Toutes deux vinrent se heurter contre les 80.000 Prussiens que le duc de Brunswick conduisait en personne au passage de la Saal, pour prendre à revers les corps français qui, ce jour-là même, combattaient à Yéna, sous les yeux de l'Empereur. Le général Morand déploie aussitôt sa colonne, forme ses bataillons carrés en présence de soixante escadrons prussiens qui, secondés d'une nombreuse artillerie à cheval, les chargèrent à plusieurs reprises, toujours inutilement. Bientôt il aborde le corps de Wartensleben, et le débusque du village de Hessenhausen après un combat acharné.

Poursuivant ses avantages, il se porte, par un mouvement rapide et décisif, sur les hauteurs d'Emsen, d'où son artillerie canonne Auerstadt et décide la retraite de l'ennemi. C'est à ce moment seulement que le général Morand, blessé au bras par un biscaïen, consentit à recevoir les soins d'un chirurgien. Ainsi à Auerstadt, sous les ordres de l'intrépide Davoust, comme à Austerlitz sous ceux du Maréchal Soult, il venait de se placer au premier rang des principaux divisionnaires, que l'Empereur appelait ses généraux de bataille ; Morand fut un de ceux qui justifiaient le mieux ce titre, lui qui fixa si souvent la victoire par la promptitude du coup d'œil, la vigueur des résolutions et l'élan qu'il savait inspirer aux troupes.

La division Morand pénétra l'une des premières en Pologne, se porta à marches forcées sur Varsovie, qu'elle dépassa dès que le pont de Praga fut rétabli. Le 28 décembre 1806, le général Morand, après avoir forcé le passage de la Wurka, livre le combat de Czarnowo, célèbre parmi les plus opiniâtres et les plus sanglants : il eut lieu pendant l'obscurité de la nuit, contre un corps russe dont la retraite se trouvait compromise, et qui combattit avec l'opiniâtreté du désespoir. Aux premières lueurs du jour, Napoléon se porta au galop sur le terrain des abords de Czarnowo, qu'il trouva jonché de 600 cadavres et d'un nombre égal de blessés qui n'avaient pu être relevés ; s'adressant au général, qui accourait à sa rencontre : « *Morand*, « lui dit-il, *voilà un champ de bataille qui vous* « *fait honneur.* »

A Golymin, à Pultusk, à Heilsberg, la division Morand et son intrépide chef soutinrent leur haute réputation, qui s'accrut encore à Eylau par les efforts héroïques qu'ils eurent à déployer pour arracher la victoire la mieux disputée et la plus chèrement achetée de toute cette guerre.

Après la paix de Tilsitt, le général Morand tint

garnison avec ses troupes à Varsovie, où parmi
l'élite de la plus brillante société, toute française
par l'esprit et le cœur, vint s'offrir à ses regards
une jeune Polonaise dont il fit la compagne de sa
vie. C'est là qu'il épousa la comtesse Paris, dont le
grand-père avait pris une part active à la confédé-
ration de Bar, organisée, en 1768, au nom de la
religion et de la liberté, pour sauver la Pologne du
démembrement dont elle était menacée, et qui
lutta avec chance de succès tant que prévalut en
France la politique du duc de Choiseul. Ferme,
habile et généreuse, cette politique, qui tendait la
main à un peuple opprimé dont le courage héroïque
pouvait servir de contre-poids à l'esprit d'envahis-
sement des Puissances du Nord, cette politique
était digne de la France ; elle aurait prévenu l'a-
néantissement du royaume de Pologne dont l'humanité a eu de nos jours autant à souffrir que
l'équilibre européen ; mais Louis XV changea de
Ministre, et la Pologne fut partagée.

Dans la campagne de 1809, Morand cueillit de
nouveaux lauriers sous les ordres du Maréchal
Lannes, à Postsaal, à Rohr, à Landshut, à Ratis-
bonne, sous le maréchal Davoust, à Eckmülh, et
principalement à Wagram, où, guidé par la plus
heureuse inspiration, il repoussait le corps de Ro-
semberg, enlevait le plateau de Neusiedel et l'artillerie autrichienne qui le couronnait, au moment
même où la gauche de l'armée française était forcée
de ployer. Ce succès si promptement obtenu à la
droite par le général Morand, permit au Maréchal
Masséna de dégarnir le centre de la ligne pour

remplir le vide opéré par la retraite du corps aux ordres du Maréchal Bernadotte.

En 1810 et 1811 , le général Morand commandait à Hambourg, où se sont conservés le souvenir de sa rigide probité , la reconnaissance pour les égards affectueux dont il savait user envers les populations allemandes pour leur alléger le joug de la conquête. C'est à Hambourg qu'il reçut de la munificence impériale un accroissement de fortune, que, dans la simplicité de ses habitudes et la modération de ses désirs , il était bien éloigné d'espérer. Ouvrant un jour le *Courrier de France*, il y trouva le titre d'une dotation de 25.000 francs de rente en Westphalie. Grandes furent la surprise et la joie; mais elles ne tardèrent pas à s'accroître encore à la réception d'une lettre oubliée à la poste annonçant une nouvelle dotation de 25.000 francs dans l'île de Rügen. La libéralité du Souverain honore le trône et la nation, quand elle s'exerce ainsi , quand elle vient en aide aux fidèles serviteurs du pays , quand elle s'adresse aux hommes éminents par leurs vertus autant que par leurs talents.

Le 24 juin 1812 , année de funèbre mémoire, la division Morand passa le Niémen la première , et commença , en tête de l'armée , la plus nombreuse qu'ait jamais réunie Napoléon, cette longue marche au-devant des frimas, à la poursuite d'un ennemi qui rétrogradait vers la victoire.

Devant Smolensk, aux acclamations de la Garde impériale et du reste de l'armée rangés sur les collines environnantes, Morand déploie ses régiments

comme à la manœuvre, s'avance sous une grêle
de boulets contre un corps russe qu'il force à ren-
trer dans la place, et s'établit audacieusement au
pied de la muraille.

La veille de la grande bataille de la Moskowa,
l'Empereur voulut indiquer lui-même au général
Morand la tâche qu'il aurait à remplir : il le
chargea d'enlever la grande redoute du centre, et
il ajouta, en lui montrant la position : « C'est vous,
Morand, qui prendrez le taureau par les cornes. »

Le 7 septembre, au signal donné, Morand,
suivi de ses quinze bataillons, marche droit sur
les ouvrages, les enlève, ainsi que la nombreuse
artillerie dont ils étaient garnis. Un biscaïen lui
fracasse la mâchoire : surmontant sa douleur, il
reste à cheval assez longtemps encore pour dé-
couvrir et pour indiquer par des signes le mouvement en avant que Kutusoff faisait exécuter au
centre de son armée afin de reprendre le terrain
perdu. Cette lutte acharnée coûta la vie à des mil-
liers de braves ; elle peut être citée comme l'une
des actions qui font le plus d'honneur à l'infanterie française. Un frère du général, chef de bataillon au 17ᵉ de ligne, y trouva une mort glorieuse.

Le général Morand ne voulut point se laisser
évacuer avec les autres blessés ; il suivit l'armée à
Moscou, et, dès qu'il put se tenir à cheval, il re-
prit le commandement de ses troupes, heureuses
de le revoir à leur tête.

La mâchoire brisée, privé de la parole, don-
nant ses ordres par signes, c'est ainsi que le général Morand sortit de Moscou à la tête de sa divi-

sion, qui ne cessa de combattre à l'arrière-garde jusqu'à la Bérésina.

C'était comme une apparition surnaturelle que la vue de ce fantôme muet et mutilé, entouré de bandages comme d'un linceul ensanglanté, affrontant sans cesse le feu de l'ennemi, dont il portait une si profonde atteinte, veillant au salut de tous, et se montrant pour lui-même insensible aux rigueurs du climat, à l'accablement de la fatigue, aux tourments de la faim, comme s'il eût vécu de ses plaies, comme si l'énergie de son âme eût fait de lui un être surhumain.

De la Bérésina jusqu'à Kowno le général Morand marcha au milieu des débris de sa division, forte de 14.000 hommes au passage du Niémen, réduite en ce moment à une centaine d'officiers et de soldats à moitié gelés ; ce fut seulement alors qu'on put obtenir de lui qu'il songeât aux soins que réclamait son état, devenu très-alarmant, et qu'il consentît à les recevoir dans sa famille, au sein de laquelle il se laissa conduire.

En 1813, le général Morand reparut à la grande armée à la tête d'une division de vieux régiments tirés d'Italie. Il ne fit qu'ajouter à l'éclat de sa haute réputation sur les champs de bataille de Lutzen et de Bautzen, où il combattit sous les ordres de son ami le général Bertrand, qui ne dédaignait pas de consulter sa longue expérience et de suivre ses vives inspirations du champ de bataille. Dans la marche sur Berlin le général Morand rendit un service signalé : il assura le salut et la retraite de l'armée en résistant au corps de Bulow, qu'il combattit jusqu'à la nuit sans jamais perdre aucune de ses positions.

Le troisième jour de la bataille de Leipzig, lorsque l'Empereur se décida tardivement à sortir du cercle de feu où il était enfermé, ce fut le général Morand qu'il chargea d'ouvrir le chemin de la France au reste de l'armée, en débouchant de Lindenau, ce qu'il exécuta avec une vigueur telle que 3.000 prisonniers restèrent dans ses mains. A la seconde bataille de Hanau, une division italienne, gravement compromise dans la ville, dut son salut aux secours énergiques que le général Morand sut lui porter à temps.

Ce fut au général Morand, nommé général en chef du 4ᵉ corps, que l'Empereur confia la défense de Mayence, où ce général soutint vaillamment cinq mois de blocus et de siége avec des troupes attaquées par le typhus, manquant de solde et de subsistances, et dont il ne lui fut donné d'adoucir les misères qu'en les partageant. L'abdication de Napoléon en 1814 amena la reddition de Mayence, dont la garnison, réduite au tiers de son nombre par les maladies et par le feu de l'ennemi, rentra en France pour être licenciée : son chef, en se rendant à Paris, vit partout la trace des maux que l'invasion avait attirés sur la nation.

Le général Morand n'était pas de ces hommes dont le cœur reste insensible aux malheurs de leur pays et que l'égoïsme console d'avance des calamités publiques. Aussi fut-il profondément affecté, comme général, des revers éprouvés par nos armées ; comme citoyen, de l'amoindrissement de la

France, privée de ses plus utiles frontières ; comme homme de bien, de la frénésie du dénigrement succédant si vite à celle de l'adulation.

Il vit prodiguer l'outrage aux images du grand homme qui rêva pour la France autant de grandeur et de prospérité qu'il lui avait donné de gloire. Prompt à détourner les yeux de cet affligeant spectacle, pressé de s'éloigner du théâtre de ces saturnales, fruit trop ordinaire de l'ivresse du triomphe et dont les partis ont donné tour à tour de si tristes exemples, il chercha sa consolation dans les affections de famille que la politique ne saurait altérer, son refuge au milieu de ses jeunes enfants, près de leur mère, près de la compagne qu'il chérissait ; il se retira à Fontainebleau dans une modeste demeure, en compagnie des meilleurs livres de l'antiquité et de notre grand siècle littéraire, croyant jouir de ces amis consolateurs dans le repos et dans la solitude : mais qu'il était loin encore de toucher au terme des agitations de sa vie ! A son insu, le général Morand se trouvait sur la route qui conduisait en 1815 de l'île d'Elbe à Paris. Un jour, au retour d'une promenade solitaire dans la forêt, on lui dit : « L'Empereur vous attend au château. » Il courut y porter de sages conseils, plus utiles, plus nécessaires que son adhésion. Dans un long entretien avec Napoléon, il lui peignit l'état des esprits, le progrès des opinions constitutionnelles ; il lui disait : « Il faudra des miracles pour le succès de votre entreprise, ne les demandez qu'à la liberté ; elle seule peut inspirer à la nation la courageuse résolution de résister à l'Europe entière, elle seule pourra vous donner les forces nécessaires pour en triompher. Laissez la couronne à votre fils, qu'une épée vous suffise, soyez le général des Français, s'armant tous pour leur indépendance ; soyez le régulateur du grand mouvement social dont la France peut donner encore une fois le signal et l'exemple que tous les peuples sont enclins à suivre. » Napoléon mit fin à cette conversation en disant : « Nous la reprendrons à Paris. »

Le général Morand ne tarda point à s'y rendre. Il y trouva un Empereur, installé aux Tuileries, qui l'avait nommé son aide de camp en lui conférant le commandement des chasseurs à pied de sa Garde, qui lui réservait un siége dans la Chambre des Pairs, qui lui réservait aussi le commandement supérieur des quatre divisions militaires comprenant les départements de l'Ouest, dans le but d'y déjouer les entreprises des agents du parti royaliste. Cette mission délicate se trouvait confiée à un zélé défenseur des intérêts nés de la révolution, mais en même temps à un homme loyal, plein de générosité, de droiture et de modération. Cette mission, le général Morand ne pouvait la comprendre, ne pouvait l'accomplir qu'en pacificateur. Il rencontra dans les départements de la Bretagne et de la Vendée beaucoup d'hommes sincèrement dévoués à l'antique race de nos Rois, pleins d'honorables sympathies pour d'illustres infortunes, mais hésitant encore à recourir aux armes.

Il prit pour texte de ses discours et de ses proclamations les désastres sanglants dont les départements de l'Ouest offraient encore tant de traces, le danger des guerres civiles qui sont le plus actif dissolvant de la nationalité d'un peuple ; une seule fois peut-être la modération de l'expression fit-elle défaut à la modération de sa pensée, en personnifiant des reproches qui pouvaient s'adresser à l'esprit de faction, mais qui ne devaient point atteindre une personne du sang royal (1), que son sexe et ses malheurs avaient placée sous la sauvegarde des respects du monde : une phrase mal comprise, commentée par la haine, devait servir plus tard de prétexte à une odieuse accusation, suivie de l'arrêt le plus inique qui ait jamais été dicté par la fureur des réactions.

Le drame des Cent Jours approchait de son dénoûment ; Morand, remplacé dans l'Ouest par Lamarque, se retrouva avec une vive satisfaction à la tête des chasseurs à pied. Il les commandait à Waterloo, et marchait en tête des huit bataillons de la Garde, formant la dernière réserve de Napoléon, qui furent lancés au-devant de l'armée anglaise pour arrêter son mouvement offensif, et qui devaient en même temps, par un effort désespéré, repousser le corps prussien qui s'approchait du centre de la ligne de bataille.

Une pareille tâche était au-dessus des forces qui restaient pour l'accomplir. Cette colonne d'attaque, écrasée par le feu de l'ennemi, n'était pas encore complétement déployée que déjà elle avait

---

(1) Madame la duchesse d'Angoulême.

★

perdu tous ses officiers supérieurs et deux de ses généraux : l'intrépide général Michel, tombé parmi les morts, le brave Cambronne parmi les blessés que la retraite laissa aux mains des Anglais. Épargné comme par miracle, et comme toujours inébranlable alors qu'autour de lui tout périssait, le général Morand rallia les débris de ce grand désastre et s'en servit pour couvrir la retraite jusqu'à Soissons, se retournant fréquemment contre l'ennemi et lui disputant toutes les positions utiles à défendre.

Après le départ de Napoléon, après le licenciement de l'armée derrière la Loire, le général Morand demanda et obtint des passe-ports, ainsi que l'autorisation nécessaire pour se rendre en Pologne, où toute sa famille le suivit. A son passage à Vienne, dont il avait été gouverneur en 1805, il reçut de l'Empereur François II, de toute sa Cour et des magistrats de la cité, l'accueil le plus flatteur en témoignage de la reconnaissance des habitants pour la conduite généreuse et pleine d'humanité dont il avait fait preuve à leur égard, pour les services qu'il leur avait rendus dans les graves circonstances de l'occupation militaire. A son arrivée à Varsovie, il ne fut pas moins bien accueilli par l'Empereur Alexandre et par son frère Constantin, qui se plaisaient à lui rappeler les nombreuses actions de guerre où sa division s'était trouvée aux prises avec les troupes russes, et qui lui témoignèrent des regrets bien honorables pour lui à l'occasion de son refus de s'attacher au service de la Russie.

Moins d'une année avant l'époque où nous voilà parvenus, Morand, ce Français voué depuis plus de vingt ans à la défense de son pays, et qui ne voulut jamais en servir d'autre, ce général respecté des anciens ennemis de la France, honoré des Souverains étrangers, fêté dans leurs capitales, Morand fut condamné à mort par un conseil de guerre réuni à la Rochelle, le 29 août 1816.

Nous tairons le nom de ses juges, pour ne parler que de M. de Serres et de l'illustre Maréchal Saint-Cyr, Ministres réparateurs, dignes conseillers de la Couronne, qui ne voulaient point qu'en leurs mains le pouvoir devînt un instrument de vengeance et de persécution, et qui s'empressèrent d'ouvrir à un des plus braves défenseurs de la patrie les voies d'un acquittement éclatant qui combla d'allégresse et le peuple et l'armée.

Le général Morand arriva à l'improviste à Strasbourg, où il se constitua prisonnier pour purger sa contumace ; il parut devant le conseil de guerre assisté d'un habile avocat qui était son beau-frère (1) et de l'un de ses anciens aides de camp qui depuis longtemps plaidait auprès des Ministres du Roi la cause que des juges intègres allaient enfin faire triompher.

L'attitude calme et ferme de cet illustre accusé, les nobles et touchantes paroles qu'il fit entendre, produisirent sur les juges et dans l'auditoire une vive émotion, que partagèrent aussitôt la garnison

____

(1) M. de Mesmay qui, après avoir été l'orgueil du barreau de Besançon, est aujourd'hui l'honneur de sa magistrature.

et les habitants de Strasbourg, également pleins
de sympathie et d'admiration pour les gloires de la
République et de l'Empire. Rendu à la liberté et
à son pays, le général Morand fut entouré des té-
moignages sincères de l'affection de ses nombreux
amis ; nous citerons, parmi les plus intimes, parmi
ceux dont le chaleureux intérêt le suivit dans son
exil, les législateurs Martin de Gray et Clément,
le maréchal duc d'Albuféra, les généraux Belliard,
Bachelu, Bertrand, Pajol, le comte Daure, ancien
ordonnateur de l'armée d'Égypte. Après l'arrêt
réparateur du 5 juin 1819, Morand se retira dans
les montagnes près de Pontarlier ; il consacra les
loisirs que lui laissait la culture d'un domaine
très-restreint à l'éducation de ses nombreux enfants, à la continuation de ses études historiques,
et à la rédaction des principes militaires les plus
utiles à l'organisation et à la conduite des armées.
En 1829, il publia, sous le titre de l'*Armée selon
la Charte*, un écrit remarquable portant pour
épigraphe ces mots de Lucain : *Patriæ impendere
vitam*, noble devise qui résumait l'existence entière de l'auteur. Cette brochure, plus riche que
beaucoup de gros volumes en pensées utiles, en
réflexions judicieuses, en sentiments patriotiques,
contient le germe de beaucoup d'améliorations
praticables et de toutes celles introduites depuis
lors dans la tactique de l'infanterie. On y trouve
la pensée d'une formation constante pour l'infanterie, substituée à celle des lignes continues, les-
quelles ne seraient plus que la position momen-
tanée des troupes faisant feu.

Cette formation est celle des bataillons espacés et ployés sur leur centre, formation introduite, pour plusieurs cas, dans la dernière ordonnance sur les manœuvres d'infanterie, et dont la base est commune à un système analogue qui n'a encore été essayé que secrètement en Autriche, où on l'attribue au maréchal Radetzki, l'un des plus habiles tacticiens des armées allemandes.

Le Gouvernement de Juillet 1830 ne voulut pas se priver des services que pourraient rendre encore au pays les généraux de l'Empire. Dès le mois d'août, le général Morand fut relevé de la retraite. S. M. Louis-Philippe le décora du grand cordon de la Légion-d'honneur, qui lui avait été accordé, en 1815, par Napoléon, lui confia le commandement de la division militaire de Besançon, et l'admit à l'honneur de siéger parmi vous.

Le général Morand prit plusieurs fois la parole dans cette enceinte sur des questions militaires, et, entre autres, dans la discussion de la loi sur l'état des officiers. Mais la Chambre fut trop tôt privée de ses lumières, elle le perdit en 1835. Le terme de son existence fut aussi celui de l'aisance de sa nombreuse famille, à laquelle cet homme intègre n'a laissé pour toute fortune qu'une réputation sans tache, un nom qui est écrit de la main de la victoire sur de nombreux champs de bataille, et qui peut aller de pair avec celui des plus habiles capitaines de notre époque.

Cinq officiers de nos armées de terre et de mer portent avec honneur ce nom respecté ; trois d'entre eux ont déjà combattu pour la France ; ils s'efforceront tous de se montrer dignes de leur père, qui, à son lit de mort, partagea entre eux les armes par lui jadis conquises sur Mourad-Bey. Les fils du général Morand n'ont pas eu d'autre héritage. Il leur suffira, s'il s'accroît de l'estime publique, de la protection royale qui en est le digne complément, et qui ne cessera jamais d'être le gage certain de la reconnaissance nationale pour les éminents services rendus au pays.

CRAPELET, IMPRIMEUR DE LA CHAMBRE DES PAIRS,
rue de Vaugirard, 9.